무명島에 기대어

강영환 시집

가슴에 내리는 시 159

무명島에 기대어

지은이 강영환
펴낸이 최명자

펴낸곳 책펴냄열린시
주소 (48932)부산광역시 중구 동광길 11, 203호
전화 010-4212-3648
출판등록번호 제1999-000002호
출판등록일 1991년 2월 4일

인쇄일 2025년 08월 27일
발행일 2025년 09월 01일

ⓒ강영환, 2025. Busan Korea
값 15,000원

ISBN 979-11-94939-04-7 03810

• 저자와 협의하여 인지를 붙이지 않습니다.
• 잘못된 책은 바꿔 드립니다.
• 이 책의 내용 중 일부 또는 전부를 저자 및 출판사의 동의없이 사용하지 못합니다.

□자서

어느덧 나도 섬이다. 가슴에 섬을 심지 않아도 섬이다.
가슴을 헤치고 울기만 하던 갈매기를 날려 보낸다.
외딴 섬이 날아간다. 빈 섬이고 싶다.

2025. 8

강영환

목차 • 4
자서 • 3

제 1 부

상열지사…11
뿌리 깊은 섬…12
섬, 이기적인 생각…13
섬과 별…14
파도 곁에…15
섬 길…16
무인도…17
바위섬 가족…18
혼자 떠도는 섬…19
섬 발 엽서…20
외딴섬에 들어…22
파도 옆 접시…24
갯바위 일어서다…25
파도 위에 점…26
화엄 푸른 빛…27
알로 남은 섬…28
오체투지…29
무명島에 기대어…30
날고 싶은 섬…32
홀로 깊은 섬…34
외딴섬 가까이…35
두근두근 섬…36
통영항…37
조금새끼…38

적소에서…40
일출을 건지다…41
보물섬에 들다…42
동백꽃 필 무렵…43
붉은 꽃길…44
밤바다…45
섬, 발자국…46
무명礁…47
탈 자본주의…48
떡을 친다…50

제 2 부

비금도…53
석모도…54
강화도…56
계화도…58
대부도…60
안면도…61
선유도…62
위도…63
십이동파도…64
비음도…65
나발도…66
간월도…67
원산도…68
홍도·1…69
홍도·2…70
청산도·1…71

청산도 · 2…72
완도…73
진도…74
나로도…75
흑산도…76
예작도…77
두미도…78
신지도…79
보길도…80
부용도…81
도초도…82

제 3 부

백도…85
연화도…86
오동도…87
추자도…88
소록도…89
돌산도…90
저도…91
거문도…92
등다도…93
소매물도…94
매물도 · 1…95
매물도 · 2…96
삼진도…97
소지도…98
만지도…100

미륵도…101
곤리도…102
학림도…103
쑥섬…104
이수도…105
초도…106
나무여…107
금오도…108
가우도…109
가조도…110
절명여…111
노도…112
해무섬…113
남해도…114
창선도…115
사량도…116
한산도…117
거제도…118
외도…119
지심도…120
욕지도…121
산양도…122
연도…123
상달도…124

제 4 부

화산도…127
마라도…128

가파도…130
제주도·3…132
우도…133
우도 비양도…134
이어도산…135
비양도…136
독도·4…137
독도·5…138
울릉도…140
죽도…141
대왕암…142
가덕도·1…143
가덕도·2…144
망산도…145
을숙도·7…146
을숙도·8…148
을숙도·9…149
을숙도·10…150
절영도…151
조도…152
동백섬…153
오륙도…154
주전자섬…155
돛섬…156
거북섬…157

시작노트/내 섬을 짓다…158

제 1 부

상열지사

별빛 깊어가는 밤
서방님 볼기짝 두들기는 소리
찰싹 찰싹
볼기짝 홀로 멍든다

남실 넘실
손 없이도 쓰다듬는 춤사위

잊히지 않는 첫날 밤
앙가슴에 멍울로 남고
가고 또 간다 서방님
바람든 햇물결 연서로 남기고

뿌리 깊은 섬

너는 뭍에 가고 싶은 물이고
나는 파도 그리운 섬이다

서로는 가까이하기 힘든 사이인데도
검은 바다 한가운데 만나서
섬 하나 낳아 기르고 싶은 간절함으로
징허게 몸 섞으면서
먼데 있는 누가 들으라고
씨근덕 찌근덕 종일토록 눈치없이
소리내 떡을 친다

파도가 된 나와
섬이 된 네가 건져낸 숱한 오르가즘이
새를 날린다

섬, 이기적인 생각

누구도 가보지 않은 쪽빛을 열고
자맥질해 들면 텅 빈 속이 붉은 혓바닥이다
몸살 바닥에 이르진 못해도
살속을 춤추며오는 물고기들을 본다
물고기 혀에 빠져 새로 핀 꽃들이
봄을 삼킨 눈보라를 타고 온다
해당화 피는 말이 입술에서 풀려난다

섬과 별

한 남자가 별이 되고
한 여인이 섬이 되어
별은 하늘에서 빛나는 섬이고
섬은 바다 가운데 길이 묻힌 별이다
밤이면 별끼리 만나 출렁거린다
날 새도록 속살 맞추더니
서로 만나 못다한 속내를
어둠 가도록 깊이 나누었는지
늦도록 파도소리 귀에 걸린다

파도 곁에

섬과 섬 사이로 빠져나가는 배가
섬을 일으켜 세운다

배 지나간 자리 물거품이 일고
슬쩍 섬에 몸을 기대보는 파도

물고기 건져 올리던 배가 바람을 삼킨다
헛배 부른 파도가 돌아선다

파도가 한 번 더 집적거린다
섬이 혼자 견뎌온 뿌리를 세운다

섬 길

파도가 날 에워싼다
바람도 둘러앉는다
삼지창 든 햇살이 가둔다
나는 혼자서도 섬이다

도피를 꿈꾸어도 벗어날 수 없는
작은 별 하나로
불면으로 출렁이는 물결 가운데
나는 혼자가 아니다

새들이 노래해주고
해벽에 아우성 새겨 넣는 파도를 불러
뭍에 사랑을 퍼나른다
떠난 새들이 날 에워싼다

사람들이 버린 숱한 길들이 섬에 온다
어둠이 날 가둔다
내 안 바람을 재운다
물결 앞에서 나는 이기적이다

무인도

섬들 사이에 바다가 산다
곁에서 종일 출렁이는 파도가 있고
파도 타는 잠녀가 손짓한다
그대 오지 않아 출렁이지 못한다
그늘 한쪽 담아내지 못해도
날개를 쉴 수 있는 빈터가 있어
새들이 둥지에 새끼를 기른다
바람도 쉬어가지 않는 내 무릎에
그대는 나를 섬에 가두고 나는
그대 눈에 내 섬을 들인다
나는 천 개 섬을 거느린 바다다
그대 눈에 섬이 내 섬으로 간다

바위섬 가족

파도는 섬이 집이다
아침에 단추 채우고 길 나섰다가
저물녘이면 풀 죽은 눈빛으로 집에 온다
그늘을 데리고 목까지 밀려오는 파도를 넘어
어둠 끝 물마루에서 멀미를 앓고 흔들리며
숨어 울던 아기새 키워서 내보내고 나면
더 많은 새끼를 데리고 몰려 온다
파도는 갈매기와 한 집에 산다
새똥에 덮인 집을 씻어준다고 바람을 데리고 와서
한바탕 거품 물고 소란을 피우다
백두대간 타내리던 빛이 슬몃
발등 적셔보고 싶어지는 동해 추암
돌기둥에 기대어 낮잠에 든다

혼자 떠도는 섬

해일에 떠밀린 검은 산이
파도를 감당할 수 없는 황망에 선다
누구도 곁에 있어주지 않아
어둠 덮인 벌판도 홀로 깊어가고
집어등이 물고기 불러 은린을 풀면
섬은 깊은 물 위에다 타는 하늘을 세운다
노을이 가라 앉으면 가슴 타는 소리 들린다
이루지 못한 불꽃이 솟아 그대 손을 잡을 때마다
깃털이 날린다
목마른 섬이 날아간다
나도 섬이다

섬 발 엽서

갈 수 없는 나라 은린 몽환이 떠간다
포구에 매인 뿌리를 끊고
명멸하는 빛에서 어둠으로
날개 없이도 푸른색을 날아간다
누구도 끊어내지 못한 빈 배

별빛도 곁에 있어주지 않은 몽환 속이다
목에 감긴 사슬을 풀고 흔들리며
물 밖을 나서고 싶은 날개
뭍이 보내주는 빛이
무너지지 않을 섬을 세운다

섬 바닥은 흔들리지 않는다
제 뼈를 떼어낸 섬은
홀로라도 돌아 눕지 않는다
숱한 배를 매어도 가라앉지 않는다
작은 가닥 하나 붙들고 먼길 떠왔다

별 뜨면 별에 가서 빛이 되고
어둠살 들면 수평선을 향해 은린을 부른다
숱한 손짓을 띄워보내며
바닥에 고인 물을 퍼내 날개 달고
빛이 죽은 뿌리를 찾아 간다

외딴섬에 들어

섬에 가서야 알았네
사랑을 잃으면 섬이 된다는 걸
풀지 못해 맺힌 눈빛이
흐르지 못한 이슬을 받아 들고
모여서 섬이 된다는 걸
사람을 이어주지 못한 사이에는
눈물이 고여 따로인 두 섬을 이룬다는 걸
네가 물로 밀어내지 않아도
나는 주머니가 빈 외따로다
그런 일에 상처 받을 물렁뼈가 아니다

사랑을 잃고나서 나도 섬이다
파도가 와 부딪혀 부서져도
눈길 한 번 주지 못한다
노래가 슬픈 새가 가슴에 들어
외따로 깊은 내 울음을 운다

안주머니 속 날카로운 어둠 한 쪽 간직한

외롭다고 그대 눈물 흘리지 마라
새가 들듯 네게도 사랑이 찾아 들어
밀물처럼 누구도 몰래 가슴에 들이니
울지마라 무너지지 않을 네 사랑이 깃든
네 안에 숨은 상처이니
찾지 못한 숨은 그림은 언제나
드러나지 않은 때가 없다

파도 옆 집시

출렁이는 일로 떠돌기는 새와 마찬가지

젖은 날 바람을 마시고
맑은 날 파도를 토한다

바닥에 스미는 일로 반짝이기도 하지만
흔들리며 가는 사해에는
뿌리내려 정박할 목초지가 없다

망망 앞에서는 누구든 입술 닫을 일이다

갯바위 일어서다

한 발자국도 물러나지 않는다
빛으로 때려도
어둠으로 짓눌러도
선 자리에 돌기둥이다

날개를 떼어내고 가시울을 두른다
그러면 나도 섬이다
숨어 살기에 나쁘지 않다
정수리에 하얀 새똥을 쓰고
각시 기다리는 망부석
몰려오는 수평선에도 씻기지 않을
백발 세운 허리를 굽히지 않는다

깊은 물 둘러 친 새들 적소에서
파도에 맞서 모래알로 흩어질 지언정
한 치도 물러나지 않는
뿌리 깊은 하늘이다

파도 위에 점

점 하나 파도 위에 떠있다
혼자인 섬이 타고 있는 점으로
또 다른 점을 싣고 유랑하는 티끌이다
거처는 아득한 수평 너머 있어
햇발은 바다 위를 덮고 있지만
점은 지워지지 않고 움직인다
점 하나로 흔들리고 싶은 섬
점이 바다를 출렁이게 한다
또 다른 섬에 닿기 위해
갈매기가 점을 따라간다

화엄 푸른 빛

그 섬에 가면 한낮에도
벌건 산과 바다가 둘이 만나
눈 깊이 맞추고
몸 섞는 소리를 낸다

산이 보낸 돌부리와
바다가 보낸 파도가 어울려
살을 섞는 밤낮이 지난 뒤에도
바다는 고요해지지 않는다

다음 날 아침이면 새로 생긴
쌍둥이 바위섬을 어루는 푸른 빛이
자장가를 부른다
살가움은 잠들지 않는다

알로 남은 섬

거친 파도 속에 살아남아야 한다
고층 빌딩 사이 주저앉은 낮은 섬으로
멀리 밀려나 앉더라도
바다를 메운 파도 위에서
낮게라도 숨 쉬어야 한다

퍼붓는 새똥 아래서도
머리 감고 일어서 지친 항로를 간직해야 한다

달빛 길을 건너 입술 세우고 와도
햇살 날개를 딛고 춤을 춰도
쉽게 흔들리지 않는다
거센 물결이 가슴을 친다
밤낮으로 보채도
앞가슴 단추는 끌르지 않는다

오체투지

지느러미를 위한 거센 파도 속으로
몸을 던져 바닥을 간다
모래바닥에 구멍 하나가 집인 꽃게가
모래언덕을 물결 치게 한다
속에 끓는 거품으로 폭풍바다를 건너온 그대는
집에 몸을 더 깊이 밀어넣기 위하여
바닥에 납짝 엎드려 섬을 토한다

무명島에 기대어

목 타는 노래가 아침 해를 건진다
그 노래를 타고 오르고 싶다
어깨 들썩이며 구름 가까이
좀 더 가까이 하늘에 들어
살빛 출렁이는 물결이 되고
어둠 밀어낸 몸 깊이 바닥까지
붉은 허밍을 들여놓고 싶다

놀고 싶다 눈을 뽑아버리고
네 춤이 푸는 선율에 미쳐
정신줄 내려놓고 함께 춤추고 싶다
잠 깬 밀물에 발 담그고
뼈를 갈아 넣은 조약돌로
어깨 부딪히며 울음 삼키고
삼만년이라도 함께 구르고 싶다

뿌리 깊은 기둥에 기대어
물끝을 건너오는 바람을 견뎌내며

먹구름 뚫고 돌아오는
향유고래를 만나고 싶다
꽃 피고 새들 노래하는 봄이 오면
뿌리 없는 내가
그늘뿐인 네 등에 기대어 일어서고 싶다

네 목말을 타고 놀고 싶다
어깨 출렁이며 하늘 가까이 좀더 가까이
허리 돌리며 어둠 밀어내고
네 허밍을 몸에 들여 놓고 싶다
놀고 싶다 아예 내 눈을 빼 내
네 춤이 풀어내는 선율에 미쳐
허리띠 풀어 춤추고 싶다

날고 싶은 섬

아버지는 목수였다
밤새 섬 한 채 뚝딱 지어냈다
못 자국 남지 않은 섬은
파도가 때려도 무너지지 않는다
갈매기가 짓밟아도 새 얼굴이다
식솔들이 무너지지 않는 섬을 꿈꾼다
바람에 울기만 하던 창들이
수평선 너머로 날아가리란 꿈을 불러
문이란 문은 죄다 구름을 들인다
심지어 죽은 후박나무도 물에 떠서
날고 있는 새들이 붙든다
섬 식솔들이 모두 날아가기를
섬을 만들 때부터 날아가도록
아버지는 날개부터 챙겨 주었다
섬에 날개 있는 새들만 살 수 있도록
모든 식솔에게 날개를 달아주었다
해일에 떠내려간 아버지는
섬 어디에다 날개를 숨겨 놓았는지

그 누구도 모른다
섬은 언제나 날아가고 싶다

홀로 깊은 섬

끝 모를 요분질로 피멍든 바다
숱한 짐을 지고 자갈길 걸어왔다
물거품과 그리고 산정의 나무들
밤낮 흔들리는 갑판 위 그물을 엮어
황금 물고기를 건져 올리는 배를
등짝 위에 불러모으고 섬은
침몰하지 않는 문신을 새긴다
물결속을 날아가는 하얀 새가 노래해
독거하는 섬은 늙지 않는다
뜨거운 몸살로 잠들지 못한다
누군가가 가고싶은 그 섬은 어르고 달래도
바다에 내다놓은 심장이어서
내려놓지 못하는 등짐을 진 채
울고싶은 속내로 짐작없이 깊어 간다

외딴섬 가까이

언제나 혼자인 섬은
물 위에 떠서 가라앉지 않고
떠돌이 새들에게 집터를 내준다
기슭에 이마를 높이 세워
성난 파도 투정을 받아 준다
이마 깨어져 무너져 내려도
누구 탓하지 않으며
별빛을 노래하는 잔물결 데리고
물고기 아픈 가슴이 마를 때까지 기다린다
큰물결 속 작은 물결에도 쉽게 떠밀리지 않고
오직 풍랑을 피해 돌아올 배를 위하여
가슴을 비워 둔다
배를 몰아 섬으로 가는 사람들은
기다리는 이가 있어 저물녘이 따뜻하고
그 섬에 안기고 싶은 나도 배가 고프다

두근두근 섬

따순 비 끌어안고 섬에 가리다
우산도 없이 비를 맞이하는
가문 섬에 물로 흐르다
풀 죽은 풀잎곁에 가서 뿌리를 적셔 주고
초록초록 물빛 머금은 파도로
촛대바위 이마까지 씻어내
더 밝은 남녘 봄빛을 켜리다
파도소리로 일어설 수 있도록
비 되어 섬에 발을 내리리라
남녘 어느 섬이 아니더라도
초록불이 환하게 밝혀지면
바위에도 꽃이 피지 않겠느냐
동백나무도 머리 속까지 헹궈내고
티끌그늘 하나 남김없이 봄을 맞으라
팔색조 깃들어 알을 낳고
섬에 불 지르리라 돌아온
살 오른 도다리 짝을 찾으리라

통영항

섬으로 가는 길을 품고 있다
길이 열리는 날 먼 이전부터
길은 선착장에 머문다
물빛으로 몰려오는 은파를 손에 거머쥐고
파도와 둘이 붙어 밤 내내 치근덕거리다가
눈 뜬 한산도행 도선을 타고
첫사랑 기억을 멀미로 토한다

조금새끼

아버지가 그렇듯 나는 조금새끼다
물때 맞춰 들어왔다 나간 배 한 척
어머니는 나를 가졌다
물때마다 조금새끼들은 갯벌을 뒹굴고
파도 따라 떠돌았다

두드려도 문은 열리지 않는다 그러나
빗장 걸린 문 밖에 눈맞은 발자국과
발목 깊이 빠지는 갯벌 숨소리
문 안에는 높아지는 하늘이 있고
문 밖에는 춤추는 바다가 들었다

그물 속으로 투명한 아침이 온다
함께 바다로 떠났다가 돌아오지 못한
동갑내 조금어른들이 있어
목까지 차오르는 갯벌을 마주보는
어미와 아비가 등 뒤에 서있다

갯벌 위로 밀려오는 바람은
물 높이에 멈춘 상처가 아문 뒤에도
조금 새끼들은 태어난다
어른이 되어서도 동갑끼리 놀려먹는
나는 춤추는 물결 아들이다

적소에서

비가 내리는지 바람이 부는지
울 밖을 알 수가 없다
차단한 능파가 보내는 편지묶음도
지스랑을 타내리는 눈물이다
서포*는 바다를 둘러 세우고
노도에서 새 한마리 날리지 않는다
해벽에 부딪힌 바람이 돌아간다

*서포 : 구운몽의 저자 서포 김만중이 노도에서 귀양살이를 했다.

일출을 건지다

어둠 걷히기 전에 누가 먼저 해를 건질까?
누가 맨 처음 바다에 손을 담글까?
먼동 트기 전부터 둥근 낯바닥 기다리며
카메라는 눈에 촛점을 가둔다
가만있는 쇠머리 섬 끌어다 심어놓고
건져 올린 해 모셔다 어깨에 앉히면
손가락 데인 초점이 일출을 건진다

보물섬에 들다

치마폭을 펼친 금산이 바람을 탄다
가자, 보물 섬이 눈을 뜬다
남해도는 봄이 오는 섬이 아니라
봄을 낳는 섬이다

나무는 남쪽으로 가지를 뻗어 햇살을 만진다
바람 잠든 바다에서 뭍으로 달려오는 물결과 흔들리는 부표가 맥박 뛰는 심장을 보낸다
몸 구르며 노래하는 초전리 몽돌이 모르스 부호를 띄우며 노래한다

남쪽바다는 숨비소리로 충만하다
누구도 떠나지 않는 해안, 손끝에 잡히지 않는 파도다
어부가 돌아오는 미조항 선착장이 가깝다
만선을 노래하는 봄이 남해도에 싹를 뿌린다
봄이 보물이다, 숨 쉬러 간다

동백꽃 필 무렵

붉은꽃이 피었느냐
아비가 떠났느냐

돌풍에 휩쓸려 떠난 배를 타고
돌아오지 못한 네 아비가
붉은 꽃을 피웠느냐
해거름녘 배 떠난 포구에 든
붉은 새가 떠나고 싶은 꽃이었느냐
꽃은 져도 꽃으로 남는다

꽃이 졌느냐 저물녘에
아비가 돌아 왔느냐

붉은 꽃길

섬에는 가고 오는 일이 바람만은 아닌 듯
밀물과 썰물 자락에도 모르는 상처가 고여있다
길위에 진 붉은 꽃을 밟다가 혹
그대 피묻은 연서는 아닐까하여
손에 들고 붉은 갈매기 날린다
내가 날아오르지 않고서는 결코
붉은 새 울음이 빈 배에 가득하고
정박한 긴 돛대끝에 불이 켜진다
선창에 깨어나 흔들리는 불빛에는
설레는 가슴을 맬 수가 없다
뱃전을 때리는 물결, 물결소리들
나는 어디로 떠날까
눈물 앞에 일어서는 항로가
그대 오지않는 길을 붉은 꽃으로 가둔다

밤바다

눈을 자주 깜박여도 눈꺼풀 속 눈은 뜨고 있다
들여다 볼수록 깊어지는 푸른 구름을 담고
하늘보다 깊은 눈에 별이 뜬다
파도 모르게 벼랑 끝에 와서 발끝으로 든다
핏발선 눈으로 올려다보는 저물녘 하늘
바위 틈에 숨은 신발짝 찾아내어 발을 넣어 보지만
헌 신은 옆구리가 터져 발을 밀어낸다
샛바람으로 문지방 틈새를 지나간
갇혔던 시간이 발보다 먼저 빠져 나간다
집에 남은 한 짝 신발을 신고
두 물 때 나간 물이 돌아 올 때까지
맞지 않은 발이 밤하늘에 첨벙댄다

섬, 발자국

푸른색이 소리가 되는 바다
모여든 눈물이 깊이 흐르고
말씀 이전 숨결이 귀에 속삭인다
멈출 것 같지 않은 흔들림은
어디에서 비롯된 자장가인지
밑바닥 지층에 숨겨둔 온기가
반짝이는 소리는 언제 심었을까
길 위에서 파란 피가 솟구친다

바람을 마중하는 바닥으로 별 하나가 떨어진다
솟구쳐 섬이 되었다 길이 묻힌
그 옆 물밑에서 솟아난 별똥별이
또 다른 섬 하나를 낳는다
눈물이 이룬 가슴 속 다도해
섬이 섬을 낳고 혹으로 살아 온 이마
섬은 젖은 땅을 표류하는 내 발자국이다

무명礁

아직은 어려서 이름 붙이지 못한다
파도가 실어 나르는 분유를 더먹고
머리털이라도 몇가닥 나면 그때라도 늦지 않을 터이니
아직은 물 아래 숨어
파도가 이마 쓰다듬어 주는대로 흔들리다
고개 들고 솟구칠 일이다
처음에 나도 그랬다
갓 태어나 숨을 쉬지 않아
날 밝으면 애장터에 내다 버릴 셈으로
웃목에 밀쳐 두었을 때 아버지는
울음 터뜨릴 때까지 기다려 주었다
이름 없음에 슬퍼하지 말라
물밑에서 솟구쳐 오를 날만 기다려
파도 이는 거품에 매달리지 말라
새가 날아와 앉을 때까지
몽매간에 기다려 주마

탈 자본주의

그 섬에 가면 답이 있다
선착장에 자본주의 사망신고서가 비치되어 있다
누구든 입도해 작성할 수 있다
자본주의는 높아지고 싶은 파도가 만든다
혼자만 배불리 먹고 살겠다는 악마가 보낸 유혹이다
이 섬에서는 경제적 이득을 챙기는 손을 볼 수 없다
새들이 살다 떠나도 전세금을 받지 않고
꽃을 피우다 열매를 생산해도 세금을 내지 않는 자유경제구역이다
그 섬에 드는 자격은 달리 없는 빈 호주머니면 된다
가득 채운 금붙이 든 주머니는 허리가 쉽게 구부러져 미리부터 실격이다
허리 곧게 세운 가난이면 입도 요건 충족이다
이 섬에는 구순 할머니도 허리가 대쪽이다
심사 끝난 섬에 발을 내리면 먼저 자본주의 사망신고서에 서명한다
파도가 그의 자본주의를 걷어가고 이마에 쌓인 그늘이 해풍에 떠내려가고 나면

악취 나던 그의 발자국은 더이상 뒤에 남지 않는다
그가 섬 어디에 가든 바람도 간섭하지 않는다
백골 걸어온 바닷길 위에는 목련 핀 샛골목이 없다
철거된 재개발지역에 뿌리가 사는 집을 떠나 막장을 떠돌았던 어두운 통로가 없다 그래서
이 섬에 사는 돌들은 모두 둥글다
몽돌이란 이름을 매달고 파도 끝에서 노래로 별을 맞이한다
백골은 지친 몸으로 뭍에 올라
몽돌밭에다 그물을 펼쳐놓고 안에 든 물고기를 추스러 풀어 준다

떡을 친다

섬과 파도
둘 사이 관계를 굳이 밝혀야 한다면
하늘이 낸 불륜이다
둘사이 너무 가까워 못 해 먹는 떡이 없다
만나면 서로 끌어당겨 붙어먹는 강력 찰떡이다
멀리서 보이기만해도 심장이 두근거려
자리 털고 일어나 달려가 붙어먹는 인절미다
둘을 떼놓으려 눈치만 보여도
속을 뒤집어 끝장이 난다
태풍을 몰고와 뿌리부터 캐내어
다도해를 무너뜨리고 말 행패에 숨죽이고
못 이기는 척 외면하면서 힐끔거린다

제 2 부

비금도

길도 한 번은 허리 펴고 싶다
굽어가지 않는 뱃길을 따라
파도소리에 이명이 젖으며
지나온 굽은 내 허리를 돌아본다
누가 굽어간 길을 펼쳐 놓았을까
그래도 첫 햇살 내리던 길이다

숱하게 걸어갔을 발자국을 세며
햇살 찾는 길보다 섬은
굽은 길을 몸에 들이고
서쪽으로 가고 있는 노을빛 따라
날마다 집시인 바람을 벗지 못한다
길도 한 번은 반짝이고 싶다

석모도

눈썹 끝에다 일몰을 세운다
별이 눈 뜰 때까지 목을 빼고
해를 몰고 가는 불거진 이마
바다를 마주하고 선 사내 눈썹에 걸려
떠나기 싫은 노을이 꼬리를 담근다

한낮 더위에 지쳐 섬이 옷을 벗는다
빨갛게 불타는 살갗
눈썹 아래 사하촌은 물든 노을빛이 뜨겁고
만조인 가슴에 해를 품은 서해는
섬을 달래는 파도를 꼬드겨 숨죽여 산다

층계를 내려서면 어둠 불어난 몸집으로
속내 풀어 추는 춤이 슬픈 눈빛이다
입술 불거진 강화도를 재우면서
나고 드는 우울에 고요해진 물결
낙조는 갯벌 위에서 게걸음을 걷는다

저물녘까지 피를 토하는 힘겨운 순례
눈썹이 물든 구름을 물결에 내려놓을 때까지
빛바랜 옷으로 침상을 꿈꾸는 노을
뭍에 가는 뱃길이 끊어진다
노숙을 채비하는 사내 눈썹이 짙어진다

강화도

빛이 오는 선착장에 눈먼 배가 떠난다
손돌목구비에 붙들린 강화도를 찾아
가슴 덮은 멀미를 토하러 간다
등대불 꺼진 수평선 너머로
선착장에는 남긴 몇 개 신호등이
새벽까지 발등 위에서 깜박이고
귓전에 파도가 이별 노래를 높인다
떠난 배가 남긴 물거품 뿐인 서해
새벽을 기다리는 사람들이 빈자리로 돌아와
쌓이는 눈먼 아침을 맞는다
몇 뭉치 짐이 다시 물때를 기다리고 앉아
지친 사람들이 주먹밥을 먹는다

가까운 폭풍우에 갇힌 수평 끝은
앞이 내다보이지 않고
모래바람이 눈에 들어 핏발을 세운다
하역에 힘든 노동이 묻어나는 오후
바다로 떠난 배는 오지 않는다

노을은 바다에 던져넣은 네 피다
지나온 날들에 흔들림이 살아나
멀미는 고스란히 배가 고프고 이미
나침반은 출항지에서 녹슬어 간다
다시 누군가가 떠나고 있다
떠난 자리에 누군가가 돌아오고 있다
어디로 떠갈지 알 수 없는 서해 앞에
짊어지고 온 의자를 비운다
아침은 등 뒤에 서있고
눈에 밀물은 돌아오지 않는다

계화도

발목 빠지는 갯벌 사십 리
아침마다 오지않는 만조를 감춘다
갈 수 없는 벼랑 너머에서 간간
바다로 나간 해수 기침소리 들려오고
물이 들기 전에 갯벌 깊숙이 말목을 세운다
다투어도 끝나지 않을 티끌 바다 옷섶에
소금을 일구는 아비들 굽은 등이 보이고
갯벌을 쓸고 있는 어미 손끝에 눈물이 든다

말목에는 아픈 삭신이 삭아 내리고
하늘에서 바리데기가 흰 눈을 데리고 오지만
갯벌은 덮이지 않는다 빗장 끌러 서로 만나는
눈 안에서 소리 없이 밀물져 오는 바다
돌아와 가슴에 출렁이는 파도를 손짓한다
함께 한 술래들 마른 발목이 젖는다

내 유년은 물도 햇빛도 아닌
물 나간 갯벌 위로 젖은 채 지났다

울 넘어 등 굽은 아비를 껴안고
갯벌 깊숙이 구원을 부르는 종을 친다
열리지 않는 문 밖에는
아픔 속에 죽어 가는 바다가 있는지 아니면
몸 식어 가는 갯벌이 있는지
어머니 수레는 답하지 않는다

대부도

기다려도 썰물은 돌아오지 않는다
자고나도 바다는 속살 그대로다
도무지 속이 찬 서해를 볼 수가 없다
안고 있는 발자국도 누가 덮어주지 않아 불면이다
잠시 들렀다 이내 떠나고 마는 조금 때
출렁이는 가슴 어디에 서해가 남아 있을까
바람 잠든 사이 밀물인 그대가
발소리 소문도 없이 다녀갔는지
배 한 척 기울어져 누운 갯벌에
옆걸음만 갯벌을 경작한 흔적으로
뭍에 가는 발자국이 질펀하다

안면도

사랑이 그리운 사람들이 섬을 만든다
섬을 이루고 싶은 말들이 숱하게
다리를 건너 섬에 든다
뭍에 가 닿은 짧은 다리는
안개로 뜬 눈을 가린다

나도 한걸음에 섬에 들어
유혹하는 미인솔 곁을 지나
운무 속에 떠가는 낮은 섬들과 함께다
일탈에 젖고 싶은 눈빛은
갯벌에 든 길 때문은 아니다

다 쓰지 못한 편지를 숨기다 들킨
갈매기가 낮게 난다 너도 사랑을 아느냐
목탄화로 갈아 앉는 섬에 들어
섬이 점으로 멀어져가는 마침표들
끝난 사랑도 다리를 건너면 피가 돈다

선유도

노을 가슴에 버려둔 섬 사이로
숨죽인 서해가 밀려 든다
태고적부터 쌓인 달빛이 한 발, 한 발자국씩
닦인 눈물을 물끝에 풀어 넣는다
말 못하는 입술을 먹을 수 있겠느냐
감은 눈으로도 보이는 고요한 등불
그것이 네 이름이더냐
거룻배들이 안뜰에 묶여 흔들릴 때
숱한 산을 넘고 수천 강을 건너온
아시아를 지나는 밤이
발끝으로 서서 검게 치장한 옷을 하나씩 벗는다
누구도 눈여겨 보지 않는 알몸이다
달빛 아니라도 은린을 세우는 바다에
섬 지친 몸을 찢어 **뼈**를 발라내고
쉽게 잠들지 못하게 하는 깊은 밤 물마루
잠옷 바람으로 고개 떨군 내 오랜 신부가
허공을 걷고 있는 달이다

위도

격포항을 떠난 배가 파장금항에 닿지 못하고
풍랑 속에서 좌절해 간 뒤 뱃길은 슬픔으로 걸린다
슬픔을 닦아내지 않고서는 섬은 홀로서지 못한다
오래 남은 기억이 찾아오는 포구에서
돌멩이를 던져 넣는다
돌은 가라앉지 않고 물 위를 걸어서 지층에 닿는다
서천은 깊고 넓어서 돌아올 수 없다
물을 두드려도 답이 없다
섬은 뜨지 못하고 섬에도 가을이 온다
붉은 물 든 손이
망울봉에다 뿌리를 씻는다

십이동파도*

계단은 어디까지 오를 수 있을까
살 떨리는 어듬 속에서도 수평선 향해
돌아보지 않는 주먹을 쥔다
머리맡에 형제 여럿을 앉혀두고
아우 하나를 불러 세운 뒤
파도와 맞서는 법을 일러 줄 때
청자뱃길이 섬에 와서
파도 잠든 뒤 보물섬이 된다
아우들 끓어 넘치는 피를 다독여
떠나지 못하게 하고
구름에 따르지 않는
가슴에 들이 밀던 푸른 날개는
누군들 벗어날 수 있을까
차라리 던져 버려라
뿌리까지 캐서 던져 넣으면
열 세번째 아해*로 우뚝 서겠다

*십이동파도; 군산시에 속하는 섬으로 12개 섬이 한 묶음이다.
*열 세번째 아해 : 이상의 '오감도'에 나오는 아해

비음도

기다림은 섬에서 끝나지 않는다
옆걸음으로 절며 가는 여인들
눈 불거진 시샘이 바닥에 새로 쌓인다
쌓여서 갯벌에 발자국이 남는다

젖은 발로 소금이 되는 햇빛 속에서
노을은 굽은 등으로 엎어지고 섬에다
가슴 아픈 발자국을 깊이 심는다
썰물은 선착장에 묶이지 않는다
풀어넣지 못한 뱃전에 놓인 그물 속을
파도는 문어걸음으로 빠져 나간다

암초가 되는 저물녘 뜬구름
깊이 눈이 빠진 채 기다려도
기다려도 끝내 밀물은
텅 빈 가슴에 돌아오지 않는다

나발도

사는 놀이가 지겨우면 바다가 아니지
열여덟살 때부터 박씨(56)는
갑오징어 잡는 일을 하였는데
먼 바다 거친 물결이 손등을 스쳐갔다
엿공장, 제과점, 벽돌공장을 거쳐 나발도에 들어
투망에 바람만 안 불면 되는 거지
안개는 물러가고 물 때를 맞춰야
씨알 굵은 오징어가 올라오는 거지
비는 지친 양망을 가로막지 못한다
아내가 경매장에 대야를 깔아 자리 잡아 놓고
그물 놓을 자리는 조상덕이면 돼야
바다는 나눠 갖는 터전이라서
바다 일은 이웃과 품앗이하다
숨 끊어져야 끝나는 농사일과 마찬가지
오기 전에 진즉 알아챘어야 했다

간월도

반쯤 감은 눈으로 가부좌 틀고
지긋이 소신공양을 배웅하고 있다
드는 물에 사정없이 뭍을 끊어내고
선정에 들어 계시니 노을은 옷 한 벌 챙기지 않고
서쪽으로 가는 반야용선을 탄다
바라보던 달이 이마에 내려
섬은 발끝을 내지 않는다

원산도*

바다에는 매파가 따로 없다
물 밑으로 숨어 오는 보령 총각을
물 위를 걸어 오는 안면도 처녀와
속살 맺어주기 위해 은밀하게
숱한 파도에도 눈 감고
두 팔 벌려 청실홍실 비끌어 맨다
따로 볼 궁합도 없이
평생 떨어지지 못하도록 붙여주는 이를
거친 숨소리가 증명하느니
쉽지 않은 일에도 목숨 거는 원산도
하늘이 낸 매파다

*안면도 다리와 보령 해저터널을 연결하는 섬이다

홍도 • 1

어쩐 일인가 볼 붉은 가시내는
반신욕으로 낯바닥 달아오른 처녀가
물이 식어도 일어서지 못하는 까닭은
속살 부끄러움을 숨기고 있을까
달아오른 가슴에다 알을 부화 시키고
몰래 기른 새를 날려 보내더니
동백꽃 편지 띄워 보낸 뒤
아랫도리 풀린 그녀는 꿈쩍하지 않고
굳게 디딘 발로 온갖 추파 따돌리며
가신 님 온다는 소식 얻을 때까지
끝내 붉은 낯바닥 감추지 않는다

홍도 • 2

도미 등가시가 꽃을 찔러
흘린 피가 섬길을 떠돈다

꽃이 붉은 이유다
꽃이 붉어 파도도 붉다
바다에 피가 돈다

파도가 살아 오는 뜻은
섬에 피가 돌기 때문이다

청산도 • 1

고깃배 타는 날은
오랜 몸 흔들림을 시킴한다
살아있는 파도 끝에
출렁이는 그늘을 태운다
곰삭은 바다가 길을 품는다

남도 가락 흔들림이 몸에 절어
갈라도 떨어지지 않는 파도를 간다

지독한 안개 속에서도 멀미 나지 않는다
파도를 가슴에 담으면서부터
뭍에 이는 숱한 흔들림에 익숙해진다
벌거벗은 섬 길을 가듯 파도를 타면
보릿고개 일어나듯 몸에도 가락이 난다

*시킴-삭힘의 남도 토박이 말

청산도 • 2

  밤이면 은파가 내게 와서 꽃씨를 심는다 낮 동안의 노동으로 피곤해진 눈에 핏발 삭이며 덤벼온다, 나는 더 조그만 텃밭을 연 채 몸에 씨를 받는다 달맞이꽃 장다리꽃 패랭이꽃 제비꽃들이 꽃잎을 열고 바다 속 깊숙이까지 뿌리를 뻗는다 작고 가녀린 손들이 어떻게 바다가 되어 가는 것일까 내가 갖고 싶던 바다가 꽃을 피우고 일제히 꽃송이를 흔든다 꽃물결이 바다를 연다 파도에 모인 꽃씨가 충혈된 내 눈에 서늘한 입김을 불어 황토색을 빼간다 내 몸은 다시 수면 위에 떠오른다 밤이 두렵기도 하지만 쌩긋 웃으며 열리는 꽃이 나의 잠을 앗아가는 줄도 모르고 종일 바다를 본다 침몰하지 않는 다음에야 흔들리는 바다에 꽃씨를 뿌린다

완도

물 낯바닥에 살을 더하여 투신하는 비
빗방울들이 하늘 사이에 기둥을 세운다
하늘이 무너지지 않도록 숱한
기둥을 세우면서 비는 물에 간다
살 내리는 영토를 꿈꾸는 바다가
너른 품에 세운 하늘
다독이고 싶은 눈물이 있다
물고기가 띄운 배가 눈물을 태운다
발끝으로 끊임없이 섬에 가는 비
바다에 살을 더하는 비는 서서 가는 눈물이다
끝내 제 숨결을 끊어
바다를 출렁이게 한다

진도

졸음 몰려오는 산그늘 아래
은밀히 귀밝은 개를 키운다
아리랑은 고개를 넘지 못하고
한 소절씩 불려가 자꾸만 어긋진다
풀 죽은 털을 깎아 내고 바람 사이에 풀어 둔 개
몸 세운 파도 앞에서 나도 어느덧 꼬리를 치며
나무 밑에 죽은 바람에게 안부를 묻는다
개울물 소리에도 귀를 세우는 개
얇은 눈꺼풀 속에 내가 잠겨 들고
끝없이 던져 넣던 순종하는 목줄
물결에 오래 담가 둔 그물을 거둘 때처럼 풍랑은
내게 한 뼘 잠으로 떨어진다
순종을 바라지 않는 바다는 없다
눈 안에서 울먹이고 있는 사내가
그림자 기우는 소리에도 짓는다

나로도

쉴 새 없이 찰랑이다 귀먹은 물결들이
심장에 부딪혀 오는 바람소리를 듣는다
나무의자에 앉아 지쳐 쓰러질 때까지
별을 기다리지 않아도 된다
그대가 기다리는 바다는 별을 품고
젖은 바람을 타고 알몸으로 온다
누구도 마중 가지 않을 때
안개를 마시고 수평선을 떠간다
오지 않는 해일은 갯바위가 부르는 망부가
바닥도 없고 이웃도 없는 오랜 시간
물결이 보내는 심장박동을 대신 느껴본다
별 보는 사내는 머리를 해벽에 부딪쳐
하늘길을 스스로 열고 있다

흑산도

검은 산에 봄물이 오른다
물질 그친 늙은 잠녀는
퇴락한 물빛 끝 툇마루에 앉아
빛 바랜 속곳 햇살에 비쳐가며 이를 잡는다
성게 껍질 까던 손톱으로 으깨면
초경같던 동백꽃 붉은 모가지가 바닥에 떨어져
잠 못 든 겨울 바다를 미치게 한다
붉은 꽃은 어디로 갈까 망설임은
선창을 떠나지 못한 어둠에
등대불빛 단추를 채우고
잠 못든 홍어를 겨냥하는 불빛
바람이 거세질수록 밧줄은 물결 위에
두텁게 핏발을 세운다

예작도

참꽃 피었다가 질 때쯤이면 섬은
알 낳으러 드는 상어철이다
피가 많은 숭어를 주낙에 끼워
짱이 오면 그곳에 풀어넣는 예작도
이홍제씨(57)가 이네기를 기다린다
네 시간 동안 풀어넣고
다시 네 시간을 기다렸다가
네 시간 동안 걷어 올린다
철없이 순한 칠성상어가 미끼를 물면
끌어올리는데 허 그놈 억척스러워
지느러미에 살짝만 스쳐도 상처가 난다
몽둥이로 콧잔등을 때려 기절시키고
배 위로 끌어 올린다 그때
바다에 맡겨둔 꽃밥상을 차린다

두미도
—부부 어부

파도 앞에 의자가 되는 아내와
바람 곁에 기둥이 되는 신랑이
서로 등 기대고 사는 파도 속이다

일출 속으로 배를 몰아갈 때
출렁이는 물결도 내 살이요
등 반짝이는 햇살도
온기 전하는 임자 가슴이다

둘이서 끌어올린 그물 속에서
광어 큰 놈이 물살 맛으로 들 때
어디 자랑할 데가 없어
마주 보고 서로 웃어 준다

신지도

명사십리에 얼음 발자국을 찍는다
파도가 지우지 못할 가슴에
발자국 한 쌍 깊이 남기고 왔다
바람 불어와 덮지 못하도록
햇빛 쏟아져 무너뜨리지 못하도록
젊은 날 눈없는 파도를 뭉쳐 넣는다
언제나 모래알이 그리운 발자국은
언덕 너머로 혼자 걸어가고
바다는 차가운 발목을 적실 것이다
바람 불지 않아도
해일이 밀려오지 않아도
바닷가 모래밭에서 지워지지 않는 보조개
깊은 발자국을 찾아가지만
겨울 해변 그 모래톱에다
다시 발자국을 찍을 수 있을까?
봄이 오고 여름이 가고 다시 겨울이 되어도
발자국은 지워지지 않을 것이다

보길도

밤에 바다가 달빛 속에서
잠 못 든 생과부 몸뚱이더니
아침 햇빛 속에서
갓 눈뜬 아가 볼기짝이다

조금만 건드려도 자국이 남는 살결에
수면 위로 길게 남아 있는 손자국은
허락 없이 누가 지나간 걸까
배는 보이지 않고 흔적만 아프다

상처로 남은 길
잠시라도 쏘아본 독한 눈길을 들킨다
내 적소에 와서 함부로
손짓 하나도 부려놓지 말 일이다

부용도

그대 날 떠나 보내시면
더 먼 수평 너머로 지고 말리다
다시는 그대 곁에 머물지 않고
파도속에 침잠한 고래등이 되어
숨길 뿜어 올리는 물기둥도 없이
푸른 해일 속으로 떠나리라
그대 없이도 떠나는 꽃이 되리라

붉은 물고기 울부짖음이 빈 배에 가득하고
정박한 긴 돛대 끝에 불이 켜진다
선창에 깨어나 흔들리는 불빛에는
설레는 가슴을 붙들어 맬 수가 없다
뱃전을 때리는 물결, 물결 소리들
앞에 일어서는 항로는
길을 따라 붉은 꽃을 거둔다

도초도

올라퍼 에리아슨이 섬에 와서
지구 콧구멍을 터놓고 떠났다
잠든 섬이 숨을 쉬기 시작한다

두시간 반 멀미 참으면
숨결 참지 못하는 지구가 있다
파도소리를 끌어다 만든 지구
우주 밖으로 떠나고 싶어한다

코 위에 눈 하나 심어주고 싶다
숨소리를 감시하는 독재자의 눈
누구도 벗어나지 못하는 올가미다

올리퍼 에리아슨 : 덴마크 조각가, 설치미술가

제 3 부

백도*

폭풍 바다를 지나온 날카로운 입술로
갈빗살부터 날개죽지 마른 살까지
후추도 뿌리지 않은 채 뜯어 먹고 남은 뼈
섬은 대꾸 없이 몸을 맡긴다
저물녘 노을이 대신 피를 흘리더라도
파도 빠져나간 섬은 곧은 뼈마디로
풍장 끝난 미라로 남는다

*여수시에 속하는 섬

연화도

파도가 와서 자주 성깔 부린다는 어부 기도를 듣고
관세음보살은 연꽃 한 송이 피우라고
섬에 용 한 마리를 내려보내 살게 했으니
한 눈 팔며 오지랖만 넓히다 정작 미륵산에 가고싶은
용은 굽이치는 옆구리에 집을 끼고 누워 밀려오는 바깥
파도를 밀어낸다
용화 세상은 언제 열려하는지
돌 위에 핀 꽃을 들어 보인다

오동도

별을 쏘아 떨어뜨리기 위해 아이들은
화살 찾아 노를 저어 섬으로 간다
숨 죽이는 법 없이 사는 시누댓잎이
사그락대며 파도를 업어 재운다
그 많던 시누대는 누가 다 잘라갔나
둥지를 숨겨주던 키 큰 파수꾼을
남김없이 쳐내고 길을 내었으니
동백나무도 서있기 민망한 알몸이다
파도는 이제 누구 등에 업히나
달빛 타고 돌아오던 전마선
오십 년 전 아이들이 숨어가서
별을 겨눈 화살을 날린다
파도소리가 숨어 울던 섬
아이들은 화살 찾아가고 없다

추자도
―나무 십자가

파도 갈라 가는 먼 유배길
흔들리지 않는 배가 어디 있을까
해무속 추자도 가랭이 사이로 미끄러져 들면 자궁속이다
성난 바람도 잠들고 나면 망망에 낳은 섬, 식솔이 많다
몰랐다 아비 없이 낳은 자식이 한 둘이 아니라니
키워 폭풍 바다로 내보내고 에미는 홀로 물질에 빠졌구나
흔들리지 않는 물길이 어디 있을까
적소가는 난리통에 갓난 황경한이*
울음 하나로 남겨져 이웃을 부를 때
외면하지 않은 어부가 십자가를 세웠다
깊은 밤 온순한 배들을 품어안고 섬은 또 섬 하나를 낳는다

*황경한 ; 천주교 신유박해 때 순교한 황서영의 아들

소록도
―날개

  파란 샐로판지 구겨 만든 바다, 들 수 없는 바다는 캄캄한 벼랑이다 들고 싶은 몸으로 내 앞에 선다 바다는 내게 와서 살이 된다 산이 뼈를 얽어 주듯 바다는 더위와 추위 속에서도 출렁임을 멈추지 않는 살을 주고 심장박동을 준다 바다가 내앞에 섰을 때 얼굴이 달아오르는 것은 그 때문이다 핏줄을 따라 헤엄쳐 다니던 고래가 뿜는 물기둥이 나를 띄워 올린다 새가 날아오르는 손끝에서 바람 소리가 난다 그러나 떠나지 못한다 날고 싶은 날개가 나를 보낸다 날아오른다는 것이 그만 발을 헛디며 추락하고 만다 그때 그대는 내 발목을 잡고 울어 줄 수 있을까 고개 저으며 다시 벼랑 끝으로 간다 쪽물빛 바다, 들고 싶은 바다 앞에 선다 날개가 있으면 좋겠다 물에 적신 발바닥이 내게 와서 날개를 달아 준다

돌산도
—물빛

안개 속에서 빛나는 몸부림이 바다다 아침으로 머리 쳐들고 달려드는 살내나는 꽃뱀 대가리를 쳐라 네가 수없이 걸어가서 모래가 되던 무너지지 않는 벼랑이다 그러나 보라 안개 속에서는 풀풀 삭아 내리는 뼈를 아니면 나른한 오후 햇살 아래 녹아내리는 빛 고운 살결을 네 보다도 더 나를 사랑하는 물빛이다 거센 폭풍우 몰아쳐도 그 푸른 살결에 서천 가는 배를 띄우고 풍랑에 휩쓸리지 않는 발목을 나누어 가졌으니 거대한 뱃심으로 끝내 참아 견디는 저 노동이 해안으로 밀려와 부서지고 있지 않은가 보라 어둠 속에서도 빛을 발하고 눈감은 속에서도 출렁이고 있는 앙탈을 나는 무엇이라 이름하면 좋은가?

저도

큰 물결은 언제나 숨어서 온다
발뒤꿈치 들고 온몸을 쏟아 내며
기생하는 아우들을 업고
하나 보내고 나면 또 다른 하나가
기다렸다는 듯 열을 지어 온다

홀로 떠 있는 섬이 꽃이다
백두 산발한 노숙인이 되어서라도
끝내 바닥에 못 미칠 일이지만
하늘로 솟구칠 일 생각한다

햇살 받아 반짝이기도 하고
기슭에 부딪혀 거품으로 부서져
떠내려 보내고 싶은 굽어간 하늘
아우를 업은 맏형이 출렁거린다

거문도

속 터지고 싶어 찾는 바다여도
터진 수평선 앞에서 막막해질 때가 있다
더 눈물 날 때가 있다
나는 왜 이렇게 멀리 떠나 왔을까
쉴 새 없이 망망을 몰고 오는 물결하며
떠나지도 못하고 부서지는 해변 몽돌들이
모래알로 남을 때까지 살아서
살 깎는 울음을 토하고 산다

외면 당한 섬 앞마당에는
궁핍을 씻는 파도가 나부댄다

등다도

눈 둘 데 없어 몸 섞는 물결만 바라보다
말라 바닥에 이를 때까지 홀로 바라다
길 위에 퍼질고 앉아 바람과 맞선 청상은
눈에서 뽑히지 않는 바위 섬에 와서 치근대는 파도와
물살을 품고 문간 밖을 모르고 살아가다
끝내 잊어 내지 못하고 흔들리다 그만
출가 후 한 달도 안돼 기둥 서방 들인다

소매물도

물에 끊어진 길이 나를 부른다
망태봉에 허공을 걸어놓고

등대섬 가는 길이 달빛에 하얗게 걸린다
이슬에 넘어지는 달빛을 끌어안은 길에
달맞이꽃이 질 때 달이 이운다

흘러넘치는 물에 욕심을 가진 남자에게
돌미역을 파는 할매가 대뜸

"와, 갱물에 담갔더나"

섬은 젖은 옷을 말린다
누구나 한 번쯤 젖어보고 싶은 섬이다

매물도 • 1

뱃길 사십 리는
갈매기와 나눈 눈빛이 깊다
새우깡 물고 다닐수록 더 가까워지는 새

검은 뱃길에서 멀리 달아나는 섬을
갈매기는 뭍에 묶어두려 하지 않는다

혼자 있는 섬도 때로는 파도 밖으로
날아가고 싶을 때가 있다

매물도 • 2

그대 푸른 살에 들어 눈을 뜬다
해 뜨는 가슴이 새를 날린다
새는 몸에 빛이 들어
섬 밖 높은 벼랑 끝에서 손을 흔든다
은빛 알몸인 병어떼가 헤엄쳐 가는
그대 깊은 살 속 너른 몸에 들어
하늘 담은 내 눈은 하늘보다 더 넓어도
어군 탐지기에 갇힌 수천의 날들이
그물을 벗어나지 못하고 서있다
지친 눈에 핏기 가신 뒤 돌벼랑 근육이 풀어지고
이마에 열꽃이 핀다
해국 푸른 몸살에 쉽게 빠진다
그대 푸른 살이 내 가슴이었으면 한다

삼진도

매물도 오륙도 가운데 섬은 하루방 얼굴
딸 셋과 그리고 바위 위에 앉힌 나무들
새들은 애가 끓는 가슴에 산다
끝없이 흔들리며 다가서는 물결무늬 바느질감
속에서 황금 물고기를 퍼 올리는 아버지 배는
이마 위에 새긴 주름살이 뱃길이다
바다는 많은 길을 가슴에 품고 사는 내 어머니
허기진 새들이 그림자를 풀어 서둘러 흐르고
집 떠난 아들이 들고 싶은 어머니 섬은
바다 등짝에 새겨 넣은 이정표
곁을 떠나지 못하게 묶어둔 섬을
등짐 진 채 어르고 달래주기 위해
바다는 죽어도 잠들지 않는다

소지도

두 여인이 한 집에 산다
사이에는 서로 새를 내어 파도가 높다
아기를 곁에 둔 젖이 붇은 유방과
물기 빠진 유방이 오가는 새들에게
젖먹으러 오라고 손짓한다
의자에 앉아있던 성미 급한 큰댁이
상반신을 구부려 바다에 빈젖을 물린다
작은댁은 가늘게 떨리는 손안에서
오래 붇은 젖몸살을 푼다
썰물로 빠져나가는 넘치는 젖
잡을 수 없다 바다는 늘 변덕이다
작은댁은 몸 낮추어
아침을 들추어 보이며
눈먼 파도 눈에 뒷물을 쏟아 붓는다
빈 바다로 가라 먼, 부끄러움이 솟아
안개로 몸을 감춘 수평 밖으로
그 요분질 발치에 이르러 발끝으로 서서
가슴에 벅차오르는 수평선을 토하는

경계를 그어 보라, 내게 이른다
그렇지 않으면 돌로 굳어지리라

만지도

군소 할매가 지키는 선착장에
빈 함지박이 파도를 들인다
쓰다듬어도 흔적 남지 않는
그대 속살을 보여다오
문 열린 무문관에 드나드는 배가
무채색을 부려놓는다
노을 지는 밤이 예쁘다

군소 할매는 선창에 다시 오지 않고
파도소리에 달빛이 야위어 간다
괭이갈매기 울부짖는 소리에
그대 굽어가는 뼈를 만난다면
눈 뽑아 과녁을 향해 던지느니
파도는 달빛을 품고 섬을 어룬다
그대 첫사랑을 아직은 지우지 말라
한 번 떠나면 돌아보지 않는 사랑이다

미륵도

아직 내게 당도하지 않은 애인아
그대가 보고싶다
오래 기다린다고 입술을 주겠느냐
볼 붉은 사랑을 간직해 왔으니 그대는
파도소리로 씻어낸 봄을 맞이할 수 있겠다
사랑은 손 쉬운 눈맞춤이 아니라
내 안에 겁없이 들이는 살가운 눈빛
출렁이는 파도 끝에 선 햇살로
돌아서서 눈 붉히는 볼을 만질 수 있느니
떨리는 손끝에 그대를 새겨넣고
기다리고 또 기다리느니
그대는 아직 내게 오지 않았다
그대 푸른 입술 내게 부딪혀 와
다도해 벌거숭이 섬 하나 보태어다오
애써 그대 오길 기다려 보느니

곤리도

거인을 넘어뜨려 바다에 눕히면
코만 물위에 떠서 숨을 쉰다
높이 선 코를 잡아 당기니
떠오르는 섬 여럿이 오고 뒤따라
숨소리는 이물에 걸려 고래를 부른다
잘 간수해 온 뒤태가 찰지다
파도를 끌어안은 섬에게
밤늦도록 사랑하는 법을 배워 볼까
발자국소리 죽이고 잠든 애인에게 든다

학림도

새가 되어 떠날란다 문득
발목 붙드는 파도가 없어 훌쩍
목에 차오르는 맥박도 없이
오곡도 너머 더 큰 바다로 갈란다
빛을 품고 사는 섬에 날개가 산다
가두리를 떠나지 못한 노래가 먼저
배를 타고 날아간다
물이 들어 오는지
바람이 불어 오는지
키 낮은 포구에는 파도가 빠른 몸짓으로 온다
포구를 가득 채우는 데는 그리 오래 걸리지 않는다
그 섬에 들면 물고기도 날고 싶다

쑥섬

우리 둘이서 눈이 맞아
불빛 속으로 사랑이 들고
불빛 밖에서 사랑이 넘쳐난다
섬과 섬 사이가 너무 넓어
점 하나로 들어앉은 섬
오며가며 들르다보면 눈이 맞아서
갈매기도 쉽게 빠져 길을 잃는다
뒤채는 밤바다에 들어
나도 애인이 있었으면 좋겠다
섬에 들어 생긴 목마름을
안개로라도 가리고 싶은 쌍꺼풀 진 눈
오래 맞추며 출렁이고 싶다

이수도

이박 삼일 밤 파도를 낚는다
입질하지 않는 파도
상처난 파도에 걸려든 가마우지는
이제 날개 접을 때도 되지 않았느냐
언제까지 망망해를 날아
물고기에 가닿을 수 있을까
목이 빠지도록 많이도 물고 다닌다

밤을 세워 가슴을 털어 넣는다
받아주는 물고기 한 마리 없이
나는 누구 입질을 벗지 못하는 날개더냐
지칠줄 모르는 파도와 맞서며
숨이 턱에 차오를 때까지 가마우지 한 쌍
목마름 가실 때까지 자맥질이다

초도

바람이 자고 가는 품이 너르다
실바람은 그곳에 살고 싶어
물 끝마다 변덕을 부리다
깜빡 잠 들어 엄마를 만나고
눌러앉고 싶은 결심을 버렸는지
계선주에 매놓은 배가 없다

누구도 떠나지 않는 섬
섬은 그리움이 아니라 불면이다
날 새도록 잠 못 들게하는
푸른 은박지를 구겨 속살에 감춘다
물끝 바람이 속이 상하는지
풀잎에 든 바람도 속살을 더듬는다

나무여*

인간인 섬 하나가 거품을 물고
짐승인 바다를 씹어 먹는다
파도는 한꺼번에 몰려와
섬 그늘을 두드려 편다

서로가 서로를 파먹는
인간과 짐승 사이 막간에
건조한 무대 위에서 늙은 배우는
가끔 이빨을 드러내며 살맛을 느낀다

뱃길은 몇 막으로 이뤄진 연극인지
알 수 없는 서막에서 바늘 끝으로
물 위를 걷는 배우가 되어
종막 끝난 골짜기 하나를 건너간다

* 나무여: 전남 여수시 삼산면 초도리 바위 섬. 승관도의 별칭

금오도

섬에 숙박하고 가는 까마귀는
가슴에 무엇이 남을까
검은 똥일까 아니라면
알을 낳아 기른 새끼일까

누구도 집적거리지 않는 물결 가운데
바람을 들여 노래하고
허리에 두른 비렁길은 벗을 수 없어도
발자국 남기기에 맞춤이다

한 자리에서 오래 흙 묻은 발바닥은
흰 파도에 씻고
드는 물에 가슴을 적신 뒤
돌아보지 않고 온 길로 돌아간다

가우도

소 몰던 농부가 슬쩍
멍에줄을 끊어 놓고
나무아래 선잠에 들었을 때
멍에를 벗어놓은 소는
발목 빠지는 갯벌 강을 건너
슬하를 떠난다

어디로 갔을까 밭갈던 소
강진만 갈대밭을 다 뒤져도
짱뚱어 뛰던 갯벌 발자국도 덮이고
파도소리에 늙어버린 멍에는
뼈까지 삭아 흔적이 없다
흙이 되어 청자뱃길로 떠났을까

가조도

옥포만에 노을이 번진다
침몰한 왜선이 토한 피다
견내량 소용돌이에 휘말린 길을 풀어
검은 바다에 펼쳐 놓으면
어두워도 길은 길이다
그대 갈증이 토한 물결을 넘어
섬에 가 닿는다 파도야 울지 마라
허기들면 우물에 가 물 한사발 퍼마시고
감꽃 따서 걸던 목걸이
꽃 하나씩 따 먹고
울고 다니는 멧비둘기 시늉이나 하지
바다에 서러워 할 일이 어디 있다고
울음소리로 푸른 이명을 깨워
네 오지랖에 엮어 두느냐

절명여*

바위를 안고 있어도 날 수 있고
나무가지를 움켜쥐고 있어도
날아 갈 수 있는 새였으면 좋겠다

비탈에 올라 낚시를 담그면
숨결 내놓으라 파도가 보챈다
물고기 얻어 가려면 댓가는 치뤄야지
숨비기 꽃이 일러주는대로
바람이 와서 옷자락을 끈다

비탈은 나를 밀어내려 하고
사지는 떨어지지 않으려
오금 뿌리까지 바위 틈에 내린다

*추자도 서쪽에 있는 작은 바위섬. 낚시꾼들의 왕국

노도
―서포 김만중의 섬

그 섬에 가서 나는
새를 기르고 싶다

슬프게 울지 않는 새
작은 집이 없어도
살가운 짝이 없어도
제 이름을 부르며 추락하지 않는 새

노을에 대하여 눈을 주지않고
밤에도 부스럭거리지 않는
나의 기억을 쪼아대며 내 손에서
더 먼 창공으로 날아가고 싶은 새

내 품에서 꺼내 옷을 입힌 뒤
혼자서도 멀리 날아 갈 수 있게
깃털 다듬어 바람을 모아 놓고
돌아갈 길을 뼈에 새겨 넣는다

해무섬

종일 안개를 두르고
무슨 짓을 하는지 도무지 알 수가 없다
얼굴 내밀고 기웃거리지도 않는다
거울 한 번 내다보지 않는 섬이다
스스로 안개를 만들어 휘감는다
빛이 싫어 숨어살고 싶어 사라지고
날카로운 칼을 지니고 있어
어둠속 아니라도 지나가던 배들이 부딪혀
몸뚱이가 부서지곤 한다
안개 속에서 무슨짓을 하는지
파도와 만나는 소리가 높다

남해도

따로 갈 데 없어 주춤거리는 비
빗방울 데리고 보물섬에 건너가면
기다리던 목마른 마늘 포기가
손 흔들어 반기지 않겠는가
뭍은 멀리 는개 속에 묻혀
손짓하여도 받아 주지 않아
살갗을 태워 남는 상주 흰 모래알은
빗방울에 씻긴 속살인가보다
키 큰 바다에서 이름을 부르는 비는
부서지고 넘어져 그림자도 없이 사라진다
목숨 걸고 나누는 사랑이 저러할까
멈추지 못하는 물방울 오랜 만남
몸은 물마루에 파문으로 사라지고
파도 등에 업혀 숨바꼭질하는 빗줄기
다시 가느다란 소리로 뭍에 가는
네 적신 뿌리가 일어선다

창선도

지족해 물빛은 젖은 눈으로 깊어진다
죽방렴을 뚫고 지나가는 견고한 물살
밤이면 명주실 가슬가슬 뽑아
섬을 감아쥐고 놓아주질 않는다
한낱 실오라기는 끊어지지 않고
밤바다 깊은 쪽빛에 투신해 간다
죽방렴에 든 몸이 반짝거리며
투명한 출렁임을 간직한 채 내달린다
대숲을 흔들고 가는 명주실 바람이
소금에 절인 몸을 햇살에 눕힌다
빛에 든 늘어진 은빛 날개는
푸른 언덕을 넘고 맑은 시내를 건넌
빛 부신 벌판에 먼저 가 사느니
그대 눈 뜨지 않는 섬에서 젖은
오랜 출렁임을 멈출 수가 없다

사량도

아비는 개였다 뭍이 그리운 봉우리
점, 점이 찢겨진 옥녀가 운다
쪽물 바닥을 가르고
물구나무 선 옥녀봉*이 눈물을 퍼낸다
물 아래 개짖는 소리 들린다
물에다 부끄러운 아비를 묻고 울지 못한
눈곱을 떼며 섬은 안개를 몸에 두른다
옥녀봉을 가려주는 안개여도
속 타는 그늘은 지우지 못한다
끝내 가까워지지 않아도 아비를
물밑 깊숙이 숨겨 두고 산다
또 몇 만 년 지난 뒤
뭍이 그리운 아비가 옥녀에게
뭍으로 가는 길을 묻는다

*옥녀봉 : 옥녀에 관한 전설이 숨어 있다.

한산도

바다를 들여다보면 알 수 있다
물 위에 이는 잔파보다 더 숱한
동백꽃이 왜 피는가를
더 많은 꽃을 떠올리기 위해 바닷가에 앉아
지친 몸을 던져 넣는다
거품은 떠가는 구름을 지우고
쉴 새 없이 몸 흔들며 유혹하는 물결 앞에서
온전한 뿌리를 지켜내기란 쉽지 않다
파도는 지치지 않는 가슴을 지녔기에
보다 짙은 붉은 꽃으로 피었다 진다
끓는 바다를 들여다보아도
갑옷에 묻은 핏빛은 보이지 않고
향기도 그 움직임마저도 사라지고 없다
그런데도 돌아든 군평선이*를 찾아
수루에 오른 달이 혼자 거닌다

*군평선이 : 충무공이 즐겨 먹던 물고기

거제도

섬 모퉁이 돌아가면 선자산 오래 전에
혼자 사는 팔색조가 가슴으로 운다
집이 없는 새는 무지개 집을 짓고
출렁이는 노래로 짝을 부른다
파도소리로 우는 새가 천 년 전 소리를 그대로 토한다
아직도 빈집 무너진 돌담에 갇혀 사는 질경이가
사라진 노래를 기억해 날고 싶다
몸 흔들어 새 울음을 흉내 내지만 쉽지 않다
네 울음은 집을 만들지 못한다
떠나버린 팔색조 노래가 남은 섬
기다리다보면 혼자우는 짝을 부른다

외도

문득 오아시스에 들른다
길을 벗어나지 못한 낙타는
푸른 사막길 어느 끝에
길을 버리고 앉아 있을까

문득 떠나고 싶은 수평선 너머
이국이 날리는 깃발을 실어 나르는 배
기관 소리 들리지 않고
목마른 물을 찾아 낙타가 간다

물이 말라 길이 끊어진다면
눈치 없이 커버린 사막 끝으로 낙타는
그림자를 묻고 섬에 들어
나무 그늘이 된다

지심도*

고등어 등짝에 그려 넣은 문신으로
섬 하나 떠오른다
흐르던 섬이 손가락 끝에 멈춰선다
밑이 훤히 들여다보이는 눈물에 빠져
길을 떠나지 못하는 섬은
하얀 동백을 피우고 산다
길 위에 진 붉은 동백꽃을 밟다가
내게 남겨놓은 손수건 피 묻은 연서이기에
네가 날아오르지 않고서는 결코
그 섬을 떠나지 못하는 팔색조도
낯선 곳에 가서도 너를 부르고 싶고
눈앞에 출렁거려 눈물이 나는
그대 위한 푸른 몸살을 앓는다
길 위에 섬은 흘러가지 않는다

*지심도 : 바다를 떠돌다 가리키는 손가락 끝에 멈춰선 섬이다

욕지도

그 섬 파도는 성질 하나 더럽다
돌맹이 하나 건드렸을 뿐인데
가로막은 방파제를 무너뜨리다니
그뿐이라면 그래도 낫다
묶어놓은 고기잡이배 한 척을
묵정밭에 올려놓고 뼈도 못 추리게
초 죽음 시켜 놓은 것은 둘째 치고라도
내해에 들어 가두리 치맛자락 들추어 속곳 찢고다니는
말 못 할 패악질은 그래도 낫다
바닷가에 신발 한 짝 남긴 사내는
무슨 큰 잘못이 있기에
여태 집으로 보내주지 않는 걸까
그뿐이라면 그래도 낫다
더한 패악질은 침묵을 남긴디

산양도

밑이 보이지 않는 투명함이 깊어진
한산도 물빛이 목마르다거나
미륵산 노을이 여기까지 와서
울분을 터뜨려 놓는다고 짐작하지 않는다
신경질적으로 마구 찢겨진 해벽하며
밀려 와 흩어진 살림살이 등속이 일러준
뭍으로 가고 싶은 바다는 따로 있는 것 같다
시침 뗀 바다가 돌아앉아 넓은 등으로
끝이 보이지 않는 네 사랑은 맑은 눈물로
아무 일 없었던 듯 고요하게
별빛 없이도 쌔근거린다면
멀리 내쳐져 얼씬도 못하던 속 깊은 바다가
가두리를 부수고 도다리, 넙치를 풀어 준다
그렇게 해서라도 눈이 편하다면
미치는 일 하나쯤 눈 감아 줄 수 있지

연도

태풍이 온다는 기별이 왔다
먼바다 농어가 몰려 와 슬피 운다
밥 먹던 숟가락을 서둘러 내리고
뭍에다 배를 끌어 올리는 아버지
차가운 이마에 노을빛이 밴다
바다는 검은빛으로 몰려와서
뱃전에 높은 물결이 먼저 든다
찢고 울부짖으며 참내하지 못하는 파도
해벽 앞에서 스스로를 다스릴 줄 모른다
섬은 깨어지고 무너지고 뒤집어지고
바다와 살을 나눈 하늘이 파도를 부추긴다
몇 개 섬과 부신 햇살을 거느리고
바다가 보이지 않을 때까지 몸을 낮춰
섬은 부서진 가슴을 내준다

상달도

물결은 뭍 쪽으로 쏠리더라도
출렁이는 식솔을 잠재우지 못한다
물 건너온 조씨(64) 아버지는 포로였다
고구마를 키워 자식 농사 짓고
물고기 잡는 법을 일러 주었다
섬은 다리가 없다
높은 다리를 걸고도 아직은 섬이다
다리를 건너 겨드랑이에 붙어 산다
밥을 위하여 그럴수도 있겠다
옆구리를 서로 기댄 섬끼리
산란 빛 속으로 큰섬 고요가 건너간 뒤
사이에 배가 남긴 물거품이 뒤집어지고
함께하던 기억들이 떨어져 나간다
큰섬 하늘 별들이 작은 섬에 내려 출렁거린다
가슴 시린 물색에 절로 빠지는 사이
남녘 따스한 눈빛에 마냥 젖는다
다리는 사이를 더 멀게 한다

제 4 부

화산도

화산도는 고독이 아니라 분노다
태초에 솟은 오랜 침묵이
일거에 폭발해 흘러내렸다
오름을 겹겹이 두르고
펼친 비치파라솔 차양 지붕들이
낮은 해안가에 모여
청록 바다를 연모해 터뜨린 분노다

산에 든 사람들은 내려오지 못했다
삼나무 숲길은 그늘이 깊어 아직
굽어간 길 끝을 보여주지 못한다
산은 하나다 한라 높은 이마는
몇 구비씩 돌아 산에 든 사람이 그리워
일시에 밀어 올린 돌탑이다
섬 가운데 백록담이 징표다

마라도

갈매기는 홀로 떠서 이웃이 없다
멀리 보이지 않는 이어도에서
산발한 백발 아우성이 떼지어 온다
끝내 못 미칠 일이지만 젊은 맥박은
하늘로 솟구칠 일만 생각한다
너울이 업어 키우는 작은 파랑 물마루에
큰 어둠은 늘 숨어서 오고
모르는 척 나를 밀어 올렸다가
수렁에 곤두박질쳐 내팽개친다

다시는 나를 찾지 말라
기생하는 아우성 무리를 업고 온 너울은
어디서 오는지 몰라도
하나가 무너지고 나면 또 다른 하나가
기다렸다는 듯 열을 지어 몰려온다
햇살을 받아 반짝이기도 하는 아우성은
깊은 수심에 결연한 얼굴이다
누가 보아주지 않아도

출렁이는 숨결을 멈추지 않는다
어둠 끝에 서서 나를 버리지만
물결은 내 몸을 치켜 세우지 않는다

가파도

등 떠밀려 밀려온 파도길 끝에
모슬포 가다 머물러 앉은
새파랗게 질린 식솔을 데리고
청보리밭 청보리와 놀고 있다
파도가 데려온 해고 노동자 성일씨(43)
아들은 가파 분교에 맡겨두고
커피 포스팅으로 섬을 볶는다
골목 다니다 일없는 바람은
돌담장 틈새 구멍에 드나드는 파도소리 함께
휘파람소리로 음계를 밟고 오른다

바람에 등 떠밀려 보리밭이 넘어진다
청대같던 청보리가 쓰러진다
섬에서 바람과 친하지 않으면 넘어져
무릎 깨고 말리라
산방산이 떠내려와 뒷배가 되어주길
바라기는 태고적부터였지만
그 길은 언제나 안개 속이다

그래서 사철 부는 바람으로 머리카락 헝크러뜨리고
잘 생긴 가슴에다 냅다 들이미는 이마
바람 대신 무릎 깨진 성일씨
가파도 청보리와 손을 잡는다

제주도 • 3

밤이면 비워지는 바다
그때는 바다가 막다른 벽이었다
거대한 동굴이 입을 닫고 살아 온다
그래서 산에 든 사람들이 산 사람이 되어
갑년이 지나도 내려오지 못하고
집은 가닿을 수 없는 이어도에 있어
한라산은 속끓이던 사람들이 밀어올린 눈물이다
숱한 오름으로 끓이던 아픔이다
그때는 산이 막다른 벽이었다
밤이 아니어도 울먹이는 바다
끝내 입을 닫고 산다
누구도 말해 주지 않는다
그때 기억이 되살아난 바다는
4월이면 섬에 길을 묻는다
자꾸만 산으로 가서 통곡을 한다

우도

휴일로 가는 길
우도 오가는 배가 아무리 부지런해도
비린 바람이 몸에 배인 성산포
빈 그물 널린 선착장에는
정오를 넘어도 기다리는 갈증이 서있다
선박에 매달린 깃발은 찢어질 듯 나부껴서
밧줄이 긴장을 풀지 못한다
포구에 드는 햇살은 꺾이지 않고
포경선 작살로 바다 등짝에 꽂힌다
바다는 피 대신 반짝이는 울분을 보내
밀려오는 파도 끝에 눈을 앓는다
다시 그리운 섬에는
언제 발자국을 들여 놓을까
발가락이 곤두선다

우도 비양도

섬에 들어 발목이 잡힌다
섬 속의 섬이 다시 새끼를 낳고
빨간 등대를 세워
어둠속을 항해하는 배를 낚으려고
불빛 신호를 띄워 보낸다
발자국 없는 섬에도 길이 있다
자꾸만 섬 속으로 드는 길은
더 낮아지지 않으면 갈 수가 없다
떠나지 않는 푸른 물로
몇 마리 가마우지를 키우면서
뭍을 향한 아우성을 떨친다
밀물에 잠기고 썰물에 몸 드러내는
버리지 못할 길을 뒤돌아보는 나는
얼만큼 더 낮아져야
그대 그리는 한 섬에 닿을까

이어도산

그쯤 있으려니 으레 그러려니
섬은 늘 평범한 생각 밖에 머문다
섬이 보이지 않아 듣지 못해도
섬은 내 안에서 키를 높인다
섬 하늘에는 있어야 할 구름이 없다
수평선 점 점으로 멀어져가는 배도 없다
하늘 닮은 물빛이 무료해지는 벌써
한 식경이 눈앞에서 지나갔어도
바다는 언제나 혼자 웃고 떠든다
바다 가운데 섬이 없다
자꾸만 눈을 멀리 뜬다

비양도

노을에 유도화 손짓하는 섬
시누대 사잇길이 하늘로 떠가는 비양도에서는
마렵다고 소변 누지마라
오줌이라도 누고나면
조왕신에 발목 잡혀 섬을 못 떠나느니
선창에서 그물 깁는 하종수(51)씨도
무심코 침 한 번 뱉었다가
비양도 갯바람에 뒷모가지 붙들려
삼십년 넘게 눌러 앉아 사느니
물결은 가둬도 붙들리지 않고
그물을 잘도 빠져 나가서
눈 시린 몸짓만 보내 오더니만
오래 머문 발자국도 날고 싶다

독도 • 4

누구도 몰래 가슴 망망에다
간직해 온 눈을 심는다
혼자 살고 싶은 옹고집을 한짐 가득 뭉쳐
해일에도 결코 떠밀리지 않는
기둥 뿌리를 다독여 주고
넓은 바다 숱하게 점찍어 심는다
동쪽 파도가 흔들지 못하도록
울릉도 성인봉에 붙들어 맨다
멀미 앓는 갈매기가 와서 쉬었다 가는 망양정
시조창 한가락 길게 뽑아 올려
파도 노래 귀담아 듣는
혼자 살고 싶은 눈을
시퍼렇게 뜬 눈으로 심는다

독도 • 5

귀로만 가던 섬에 첫발을 내리면
울컥하지 않은 가슴은 없다
우리 섬 독도, 그 목마르던 독도에서
가슴 깊이 이름 지녀왔을지 모르는
촛대바위 몰라 속으로만 나직이 불러보는
미사포 쓴 성모 바위,
기도하는 미륵바위 그들도 마찬가지
다시 혼자 이름을 붙여보며
손에 든 태극기를 흔들어 본다
누구보란듯이 목마르게
함께 섬에 든 사람 모두가 그랬다
오래 전까지 사람이 그리웠을 괭이갈매기도
곁에 와서 목을 풀지도 못하고
그리운 이에게 불러줄 노래를 뽐낸다
경비병들 경례에 푸른색이 넘쳐난다
독도를 떠나온 지금도 가슴 미어져
독도, 그 이름을 다시 부른다
미어지던 가슴 모두가

가슴에 박힌 섬을 뽑지 못해
그러고 있을 조국의 깊은 밤이다

울릉도

제 몸을 한시도 가만두지 않는 파도를
가만히 들여다보아도 도무지
함께 출렁이는 속내를 알 수 없다
어느 날은 구름 그림자로 어둡고
어느 날은 해맑은 얼굴로
하늘색을 온전히 받아들여 춤을 춘다
성인봉 다녀오지 못한 걸음 무너뜨리며
누구도 건드리지 못하는 불륜처럼
언제나 하늘빛을 닮으려 애쓰는 바다가
수면 위를 쓰다듬고 지나가는 내 마음 그림자는
왜 받아들이지 못하는지
훤히 보이는 친한 속내라도 알 수가 없다
곁에 누워 코 고는 아내처럼

죽도

섬 안에 매어 둔 그 섬에 가고 싶다
해벽이 이룬 높은 성채에는
태풍이 밀고온 파도도
넘보지 못하는 더덕꽃이 향기를 피우고
별을 동무 삼아 노는 아이들도
가슴이 하늘만큼 깊어서
숱한 물고기들이 놀러온다
죽도를 떠날 일 없는 바람은
햇살이 키운 더덕꽃을 따가고
물고기를 잡지 않아도
파도는 발가락 끝에 닿지 못한다
젊은 아버지는 뭍을 등지고도
우뚝 서서 섬을 기른다

대왕암

왕은 언제 잠을 깨는가?
동해 몰아치는 파도소리에
한 마리 용으로 살고 싶은 문무왕을 모시고
파도는 백발이 될 때까지 채근한다
깨어나 나서라고
독도를 내놓으라 떼쓰는 섬나라
그런데도 왕은 아직 잠에 들어 계신다
왕은 언제 잠 깨는가?
동해는 새벽이면 일어 선다
일어서 침상을 두드린다
빛이 오는 영원한 왕국이다

가덕도 • 1

서천 가는 노을
발목 비끌어 매고 잠든 강이 끝난 곳에
견고한 벼랑이 막고 선 바닥에서
닿을 수 없는 섬 이마에다
숱한 전언을 남기고 물러가는
눈먼 노을을 보면 쉽게
버리지 못하고 껴안은 사랑 하나
물에 빠져 죽은 눈보라를 그린다
그때 섬은 노을 정거장이다
노을은 물거품이라도 남기기 위해
쉴 새 없이 몸을 꿈틀거린다
얼마 지나지 않아 사라져 가는 어둠 속이라도
지나온 길에 물빛을 남긴다

가덕도 • 2

멀리 온 낙동강이 바다에 들어
정조대를 두르는 걸 보았는가?
키 큰 누가 있어
큰 장대로 풀어주지 않는다면
그대로 화석이 되어버릴
풀지 못한 쪽진 머리
황토색 긴 띠를 두르고
등촉 끄지 못하고 흘러간다
합방하지 못한 신행이 붉어
쪽진 머리 강물은 쉬고 싶다

망산도

바위는 등에 금을 긋고 거북이가 된다
불러도 거북이는 내놓을 머리가 없다
끝없이 흔들리는 물결무늬 속에서
황금 물고기를 퍼 올리는 배가
붉은 깃발을 달고 바다 위에다
일회용 문신을 물결로 새긴다
아유타국 허황옥이 첫발 디딘 섬
누군가와 가고 싶은 그 섬은
바다 등짝에 새겨 넣은 뭍이 버린 날개
새들은 그림자로 추억 속을 흐른다
섬이 떠나지 못하게 어르고 달래어
바다는 죽어도 섬은 잠들 수 없다

을숙도 • 7

바람이 말라
소리 죽은 갈대밭 곁을 숨죽여
강물이 흘러도 누구도 모른다
수로를 막아 낸 길이
죽은 기름으로 반짝인다
강물은 퍼내어도 마르지 않는다

흘러온 강이 죽고
날던 새가 죽고
잠든 길이 죽은 섬
속울음 삼키는 그대 낮은 키
갈대로 살아 남는가

죽은 눈들이 많아 고요한 하구
노랑부리저어새 둥지가 무너진 을숙도
저물녘을 덮으려는 어둠이 허리 굽혀
퍼내는 안간힘이 물 끝에서 일어선다
섬을 갈라 놓은 길이

발자국을 이고 어디론지
저물녘에 혼자 저물어 간다

을숙도 • 8

을숙을숙 짝 잃은 고니가 운다

집이 없어 우는 가창오리를
노을이 와서 달래준다

별도 내리지 않는 갈대숲에
바람이 와서 더 크게 울어준다

울음이 저보다 큰 바람 때문에
새들은 잠 들 수 있나보다

을숙도 • 9

바다에 이른 강물이 이별을 돌아다 본다
머리카락에 낯선 갯바람이 난다
하단 갈대 숲 모두 꺾어든 바람이
강물 젖은 노을에 내린다 너도 몸살이냐
철새 그리운 울음을 먹물 번짐에 감추고
하구에 쌓이는 모래알 언덕에 꼬리 긴 강을 숨긴다
숨은 강물인들 혼자 마를 수 있으랴
불티 꺼진 젊음이 돌아온 갈대숲에서
강물은 다시는 소리하지 않는다
삭신에 붙은 불도 건져내지 못하고
갈대숲에 노을 타는 소리 번지는
어둠은 쌓이고 쌓여 강바닥에 갈아 앉아
섬이 된다 나도 아프다

을숙도 • 10

지평 끝에서 빛을 몰고 오는 한 줄
가창오리 떼 마지막 철새는 가고
철새 떠난 뒤 잠에 들지 못하는 섬은
빈터 없는 하단 바람을 갈대숲에 들이고
키 높은 아파트 벽에 부딪혀 돌아오는 노을빛이
강물 죽은 하구에 만장을 올릴 때
을숙숙 을숙숙 울던 청둥오리 죽은 입술이
가슴에 푸르게 남아서 멍으로, 시간으로
혹은 쓸쓸함으로 긴 저물녘을 만든다
날개를 편 채 추락하고 만 섬이
돌아오지 않는 새를 기다릴 때
새들도 노을 따라 떠난다
견디기 어려운 겨울나무 가지마다
잠 못 든 도요새 울음을 빨래처럼 넌다

절영도

누이 손거울 위로 배가 지나 간다
낯바닥에 고요한 칼금이 가고
하얀 노래가 바다를 깨운다
툭 하면 바다로 나가는 집시는
가두어 둘 수 없는 뜬구름
꽃 한송이 들어 보지 못한 채 보낸다
꿈틀대는 그리움은 남은 자의 몫
밀물 드는 저물녘을 기다린다

허리 안개 걷히고 난 뒤
누이는 자주 안개를 두르고
안개 속으로 숨어 간다
중리 자갈마당은 적막하고
잠 못 든 하리 바닥은 출렁인다
내 안에다 심은 푸른 이중주
오래 참았던 분노가 차올라
알몸끼리 만남은 오래된 중독이다

조도

눈을 뜨자 물이 쏟아진다
깊고 푸른 말들이 까망까망 흘러
투명한 아침 바다를 연다
멈추지 않는 해조음이 쏟아진다
물을 마시자 몸이 흘러간다
모든 살과 뼈가 출렁이며
숱한 언어가 몰려온다
섬이 간직해온 책을 연다
세설 쏟는 바다는
곁에 둔 막다른 골목 같아서
오랜 내 노래가 아프다
새를 길러 바깥 바다로 내보낸다
울음보다 노래를 달고 사는 유쾌한 새
물결 쌓인 항구에 집을 짓는다
파도는 길을 흔들지 못한다

동백섬

해운대 동백섬 늙은 나무는
소금바람을 잘게 풀어 스스로
제 숨결에다 밑간을 맞춘다
펄펄 살아 떠나지 못하도록
숨 꺾여 바람 나간 바다는
잘 선 대팻날에 밀려
낯바닥을 잃고 쉽게 빛을 토한다
그냥 잠들고 말면 되지 흔들리기는 왜
이마에 꽃가지 부딪히면 꺾어서 가고
내해에 곱게 앉혀 놓은 갈매기가
쉰 목청을 닦아 세운다
낯선 곳을 헤매다 관절 푼 동백나무
죽인 숨 다시 죽이는 햇살이 좋아
마파람은 소매 걷고 빈터에다
떨어진 붉은꽃을 쟁인다

오륙도

오래된 내 집은
형제들끼리 어울려 자는 문간 방이다
맞벌이 나서는 부모를 위해
늘 대문을 열어 놓고 기다린다
한 짐 가득 어깨를 부려놓고
북항에 돌아오는 발자국 소리 가볍다
물결이 업은 엷은 햇발 속으로
깃발은 바람을 타고 길을 묻는다
물빛 위에 펄럭이는 고동이 싱그럽고
깊이 간직하고 살아 온 형제들 꿈은
대문 밖으로 나부껴
온유한 물결 속에 닻을 내린다

주전자섬

네게 담긴 물을 끓이기보다
닿지 못한 네 속을 끓이는 일이 쉬울 것 같다
어머니 애가 끓던 주전자에 하늘이 넘쳐 낭패다
아버지가 만든 바람벽을 타고
갈매기가 울며 날아오를 때
가라앉지 않고 떠있는 섬은
아버지 오래된 술주전자
어머니 눈물은 하늘에서 오고
섬은 지상에 세운 속 끓던 홧병이다
가두어 둔 눈물을 풀어 비를 만든다
하늘은 주둥이에 입술을 대고 술을 마신다
한 송이 꽃도 피우지 못하면서
아버지는 바다보다 먼저 출렁인다

돛섬

달 밝은 밤 아니라도 바다는
문 앞에서 옷을 벗는다
파도 살빛에 침몰하는 섬
기다리던 밤 아니라도 그대는
별을 잠재우고 솟구친다
쉽게 사그라들지 않는 봄빛

그대와 함께한 밤은 등 뒤에서
수줍은 파도가 요분질이다
못 말리는 저 시샘을 어쩌랴
수줍은 볼이 새벽까지 붉어
깊은 잠에 빠진 부정한 애인이
섬을 낳고 싶어하는 밤이다

거북섬
―별이 뜨다

 다대포 몰운대 앞 수심 깊은 곳에는 거북이가 목을 빼고 산다
 바다 속에는 왜 별이 뜨지 않지 나는 혼자야 늘 그리운 너를 만나기 위해 물위에 뜨는 밤이면 나는 가벼워져 그렇지만 너무 힘들어 나와 놀아 줄 수 없는 거니 바다 속에 누워서도 널 볼 수 있었으면 좋겠어
 몰운대 앞바다 깊은 곳에 사는 거북이는 바깥으로 나와 바위섬에 오른다
 괭이 갈매기가 낮 동안 목이 쉬도록 불러도 시늉도 않던 거북이가 동백나무 숲이 깊은잠에 들고 별빛이 눈을 뜰 때야 목을 내민다 자루를 손에 든 어부 눈을 피해 미끄러운 벼랑을 타고 오른다 총총한 별을 만나기 위해 날마다 밤이면 벼랑 끝에 목줄을 건다

□ 시작 노트

내 섬을 짓다

내가 바다를 바라보는 일은 관상으로서가 아니라 삶의 현장으로서다. 그래서 바다에는 상상력이 산다. 몰려오는 파도를 들여다보고 있노라면 저쪽 먼 곳에서 누군가가 나를 향해 끊임없이 보내는 신호인 것만 같다. 나는 그 신호를 해독하고 나만의 언어로 번역해야 한다. 머리를 싸매고 골몰하여 파도 출렁거림을 들여다보아도 언제나 난독이다. 풀리지 않는 암호이기에 언제나 다시 바닷가에 선다. 바닷가에는 바람이 산다. 파도가 일으켜 세운 바람인지 파도를 일깨운 바람인지 단정 지울 수 없다. 태고에 누가 있어 내게 보내는 메시지인가 아무려면 어때 신호가 닿는 그곳에 내가 있다는 사실이 멋지다. 그 멋진 섬에 들어 나도 누군가에게 엽서를 보내야지. 내 생각이 머무는 바람과 파도 사이에 놓인 섬 하나 그것이 나다.

파도를 보다가 문득 그 푸른 몸짓은 수평선 너머 있는 섬이 보낸 것이란 생각이 든다. 어디로 가지 못하고 외따로 떨어져 뭍을 향해 보내는 외로운 몸짓이다. 나 여기 있다고 보내는 아우성이다. 아직 살아 있다고 보내는 절규다. 나는 탐방객으로 섬을 찾아다닌 것은 아니다. 생각 속에 섬을 넣고 있으니 섬이 찾아왔다. 내 고독을 섬이 와서 껴안아 주었다. 내 고독이 가서 섬을 이뤘다.

나는 초량 산복도로 부근에 오랫동안 기거했다. 1960년대 말부터 현재까지 한 번지에서 움직이지 않았다. 대신 번지가 몇 번인가 바뀌었다. 산5번지, 754번지, 그리고 현재 구봉로 51번길 24로 내가 이사하지 않아 번지가 나의 거소를 바꾸는 효과를 드러냈다. 왜 나는 대못처럼 한곳에 박혀 있을까. 그 이유는 바다다. 초기에는 창을 열면 바다가 보였다. 그러던 것이 옷상에 올라서야만 바다가 보이는 걸로 바뀌었다가 지금은 아무래도 바다로 가는 시선을 차단 당했다. 낮은 지역의 낙후된 마을에 재개발 사업이 펼쳐지면서 바다를 가로막고 선 고층 아파트가 나의 바다를 앗아가 버렸다. 그런데도 산복도로를 떠나지 못하고 있는 것은 이미 바다가 내 안에 들어와 살기 때문이다. 바다를 보지 않아도 바다 푸른 빛은 내 안에서 출렁이고 있다.

내 섬은 파도를 타고 출렁거린다. 끝나지 않은 출렁거림이 나를 벼랑끝에 매달아 둔다. 좌절하지 않는 발밑 출렁거림이 언제나 빛나는 영광이다.

파도 출렁거림에 눈이 살고 맥박이 뛴다. 입술 움직여 노래를 토한다. 파도를 만나고 온 날 밤이면 누워있는 천정에는 파도가 일고 파도 속에는 은린 반짝이는 물고기떼 춤사위가 난무한다. 내 몸이 출렁거리며 파도를 탄다. 파도 끝에 섬이 보내는 신호에 빠진다. 해독하지 못하면 어때? 사랑에 이유가 없듯이 그냥 빠지면 된다. 섬은 맹목적인 물결에 젖어 헤어나질 못한다.

섬에 자라는 나무들도 섬이 가진 고독 깊이만큼 간직한다. 날아와 찾아주는 새들도 깃털마다 그늘을 짊어진다. 섬은 말하지 않아도 섬이라서 다들 품고 살아 왔다

한가지 테마에 끈질기게 매료되는 것은 그것에서 나를, 내 존재를 느끼기 때문이다.

내가 사는 산복도로에 혹은 내가 빠져 살던 지리산에 그리고 바다에 내 사랑이 머문다. 그 사랑은 애착이며 그 속에는 나의 본향이 담겨져 있다. 벗어날 수 없는 굴레가 덧씌워져 그것과 함께 살아가는 법이다. 내가 섬을 찾아가는 것도 그 생각의 연장선 위다.

방랑벽에 역마살이 든 사주는 한 자리 가만 못 있는 집시의 마음이다. 바람처럼 자유롭고 싶고 새처럼 흔들리고 싶은 것이다. 안개처럼 거처를 두지 않고 흩어지고 싶은 영혼이다.

섬은 그렇다. 떠돌이 영혼에 계선주가 되어 그곳에 나를 묶어둔다